Loriots
Kleiner Ratgeber



Deutscher
Taschenbuch
Verlag

dtv

1. Auflage Mai 1971
2. Auflage Juli 1971: 26. bis 45. Tausend
Deutscher Taschenbuch Verlag GmbH & Co. KG, München
Lizenzausgabe des Diogenes Verlags AG, Zürich
Die im vorliegenden Band enthaltenen Zeichnungen wurden aus folgenden Diogenes-Tabus ausgewählt: ›Der gute Geschmack‹, ›Der Weg zum Erfolg‹, ›Für den Fall‹, ›Loriots neue Lebenskunst‹, ›Nimm's leicht!‹, ›Der gute Ton‹, ›Umgang mit Tieren‹, ›Wahre Geschichten‹ und ›Auf den Hund gekommen‹
Das Kapitel ›Hustenmittel‹ erschien zuerst in ›Loriots großem Ratgeber‹
Umschlaggestaltung: Celestino Piatti (mit einer Originalgraphik von Loriot)
Gesamtherstellung: C. H. Beck'sche Buchdruckerei, Nördlingen
Printed in Germany · ISBN 3-423-00756-7

## Das Buch

Der kleine Mann mit der Knollennase, der auch in außergewöhnlichen Situationen weltmännische Haltung bewahrt, braucht nicht mehr vorgestellt zu werden. Schon seit Jahren hat sein Erfinder Loriot unzähligen Verzweifelten und Ratsuchenden Trost und Hilfe gespendet. Es war daher nur eine Frage der Zeit, bis sich der inzwischen auch im Fernsehen geschätzte Autor nun zu einer Taschenbuchausgabe seines Ratgebers entschloß. Wird die große Prachtausgabe als Hausbuch und repräsentatives Geschenk weiterhin unentbehrlich bleiben, so ist das vorliegende Bändchen geeignet, im wahrsten Sinne des Wortes »aus der Tasche heraus« jederzeit verfügbar zu sein. Wie oft kommt es doch vor, daß wir uns auf der Jagd, im Beruf, in der Familie, im Weltraum oder im Straßenverkehr vor schier unlösbare Probleme gestellt sehen. Hier kann der Griff zum »Kleinen Loriot« rasch Abhilfe schaffen. Er gibt Antworten auf nahezu alle Lebensfragen. Im Zeitalter der audio-visuellen Lehrmittel wird der Benutzer die zahlreichen Schaubilder als willkommene Orientierungshilfen auf dem Wege zur menschlichen Vollkommenheit begrüßen.

## Der Autor

Loriot ist entgegen anders lautenden Gerüchten kein Franzose, sondern Preuße. Er wurde am 12. 11. 1923 in Brandenburg/Havel geboren und heißt eigentlich Vicco von Bülow. Er wählte sein Pseudonym nach dem Wappentier seiner Familie, einem Pirol, der volkstümlich auch »Vogel Bülow« und in Frankreich *loriot* genannt wird. Loriot veröffentlichte und illustrierte zahlreiche Bücher und wurde einem großen Publikum durch seine Fernsehreihe ›Cartoon‹ bekannt.

INHALT

# VORWORT

Auf ausgedehnten Reisen, die mich trotz ungünstiger Wetterbedingungen bis nach Hannover, Köln (am Rhein) und anderen Ballungsgebieten führten, konnte ich immer wieder feststellen, wie sehr die Unsicherheit der Bevölkerung im täglichen Umgang mit Maulwürfen in den letzten Jahren um sich gegriffen hat. Bei dem Versuch, hier durch intensive Beratungsarbeit aufklärend zu wirken, stieß ich unversehens auf Bildungslücken erschreckender Ausmaße im Bereich der kultivierten Tischmanieren. In Niederbayern war ferner allgemein bekannt, daß verklemmte Schubladen sich bei doppelter Schallgeschwindigkeit mühelos öffnen lassen, aber niemand wußte zu sagen, ob bei Explosionen in geschlossenen Räumen der Herr oder die Dame zuerst durch das Fenster fliegt (eine Frage, die übrigens bis heute noch nicht eindeutig beantwortet werden kann).

Ich fühlte nach diesen Erfahrungen die innere Verpflichtung, dem Menschen von heute ein Nachschlagewerk in die Hand zu geben, das ihm auch in kritischen Situationen korrektes Verhalten ermöglicht. Im Laufe von zwölf Jahren entstand unter ständiger Kontrolle durch anerkannte Wissenschaftler, unter denen sich auch ein namhafter Sprengmeister sowie zwei katholische und zwei evangelische Hals-Nasen-Ohren-Ärzte befinden, ein Ratgeber-Zyklus, der nahezu allen Anforderungen gerecht wird, die das tägliche Leben stellt. Das gilt insbesondere für Fragen, die aus falscher Scham oft unerörtert bleiben.

Der vorliegende Band enthält übersichtlich geordnet alle Kapitel des familiären, gesellschaftlichen und beruflichen Lebens, die bisher erarbeitet und in jährlichen Abständen veröffentlicht wurden. Bereichert zeigt sich das Werk durch eine wichtige Arbeit zum Thema ›Bronchialkatarrh‹, für die wir der Firma Dr. Thiemann, Lünen, zu danken haben. Das gleiche gilt für eine Reihe ungewöhnlicher Bilddokumente, die aus dem Archiv der Weinbrennerei Scharlachberg stammen.

Abschließend bleibt zu sagen, daß ›Der Kleine Ratgeber‹ auf Wunsch unauffällig verpackt per Nachnahme frei Haus versandt wird, sofern die Bestellung Postleitzahl, Name, Alter und Geschlecht enthält.

Ammerland, im Frühjahr 1971 LORIOT

# GRUND UND BODEN

## Grundstückskauf

Grundstückskauf ist keine Frage des Einkommens. Auch für Sie ist der Betrag von DM 80,– für einen Quadratmeter in vornehmer Villengegend erschwinglich (A). Sollten Sie jedoch mehr Auslauf benötigen, bietet sich Ihnen zum selben Preis etwas außerhalb das erwünschte großzügige Objekt (B).

Während der Fertigstellung des Neubaus und noch Monate nach Ihrem Einzug bietet Ihnen Ihr Grundstück den Genuß der eigenen Scholle.

1

2

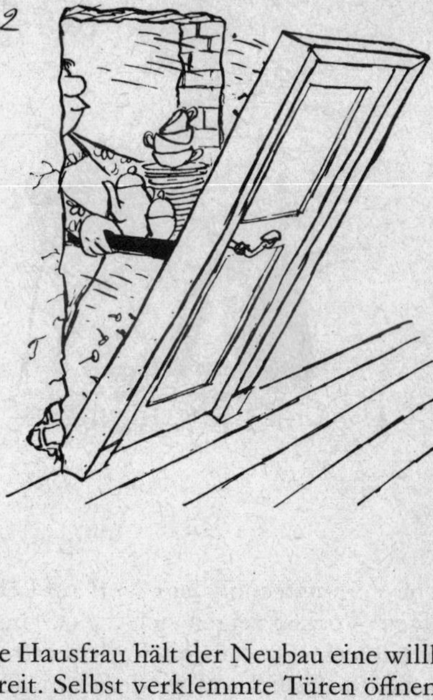

Auch für die eilige Hausfrau hält der Neubau eine willkommene Überraschung bereit. Selbst verklemmte Türen öffnen sich hier schon auf den geringsten Druck.

Neuzeitliche Verputztechnik legt Wert auf Lebendigkeit. Schon nach wenigen Wochen zeigen sich die entzückendsten Muster. Leicht zu entfernende Mörtelteile lockern eintönige Wände auf und geben den Blick auf moderne Ziegelflächen frei. Erst jetzt verspüren Sie den Geist zeitnaher Wohnkultur.

Die angenehme, gleichmäßige Feuchtigkeit Ihres Neubaus schafft ideale Lebensbedingungen für eine üppige Heimflora. Pilzfreunde brauchen das Haus nicht mehr zu verlassen. Sie finden bei der kurzweiligen Suche im Eigenheim volle Befriedigung.

Kleinere Arbeiten, die keine Fachkenntnisse voraussetzen, verrichten Sie am besten selbst, ehe der Schaden größer wird.

Bei extremer Hitze-Entwicklung im eigenen Heim kleine Eisstückchen *langsam* im Munde zergehen lassen.

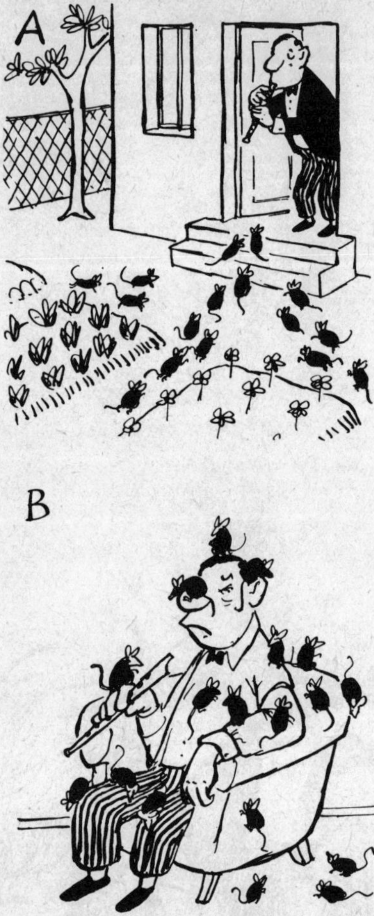


Nach Anwendung einer Blockflöte (A) ist Ihr Garten überraschend schnell von unappetitlichen Nagern befreit (B). Rechts ein erprobtes Mittel bei gleichzeitigem Auftreten von Blattläusen, Engerlingen, Schnecken, Ameisen, Wühlmäusen, Milben und Maulwürfen.

Dieser prachtvolle Wirsingkohl entwickelte sich rasch, besuchte die höhere Schule, ging nach dem Studium alter und neuer Sprachen ins Ausland, ist zur Zeit im diplomatischen Dienst und hört auf den Namen Karl-Heinz.

Durchdachte Einteilung des Grundstückes als Nutzgarten erleichtert die Bodenkultivierung und steigert die Freude an der Bearbeitung eigenen Erdreichs. Die Abbildung zeigt den mehrfach prämiierten Mustergarten eines norddeutschen Amateurgärtners. A: Komposthaufen, B: Misthaufen, C: Kunstdüngerhaufen, D: Torfmullhaufen, E: Laube, F: Nutzfläche (mit Landwirt).

Wachsender Beliebtheit erfreut sich in Kleingartenkreisen radioaktiver Kunstdünger. Aus der praktischen Streubüchse im Frühjahr gleichmäßig auf das Grundstück aufgetragen und leicht einmassiert, läßt er binnen vierundzwanzig Stunden jedes Gärtnerherz höher schlagen. Ein württembergisches Ehepaar demonstriert das Entfernen von Unkraut aus einem prachtvoll entwickelten Radieschenbeet.

Kochrezepte

*Empfehlenswerte Konservierungszusätze und zulässige Farbstoffe in Klammern (1 = Zyankali, 2 = Hexamethylentetramin, 3 = Chromoxydgrün, 4 = Trinitrotoluol, 5 = Wasserstoffsuperoxyd)*

ELEFANTEN-CRÈME

Je nach Personenzahl einen bis zwei zarte Elefanten mit 3 Litern Vollmilch und 150 g Zucker kurz aufwellen lassen, unter ständigem Rühren 1 Eigelb beigeben, in gespülte Puddingform gießen, nach dem Erkalten stürzen und mit Mandeln servieren. Statt der Elefanten können auch Schokolade, Vanille oder Himbeeren verwendet werden (1, 3).

## Hasenschwanz à la Meyer

Der feinen Zunge von Herrn Erich A. Meyer (Pfeil) verdanken wir die folgende Delikatesse. Der gut abgehangene Hasenschwanz wird gewaschen, gesalzen, nebst Petersilie, Sellerie und Wacholderbeeren 4 bis 5 Stunden gedämpft und sorgfältig abgeschmeckt. Merke: *Hasen sind glücklicher ohne Schwanz.*

A

B

C

### Backobst mit Gürteltierklössen

Backobst über Nacht quellen lassen und am nächsten Morgen mit reichlich Zimt und einer Zitronenschale auf kleiner Flamme langsam gar kochen. Für die Zubereitung der Gürteltierklöße hält man sich genau an das bekannte Rezept für Kartoffelklöße, nur daß statt der Kartoffeln Gürteltiere (A) verwendet werden. Zum Formen des Kloßes befindet sich die linke Hand unter, die rechte Hand jedoch über demselben (B und C). Drehbewegung in Pfeilrichtung (1, 3, 4).

C

Bauernomelette

Ein bis zwei zarte Landwirte (A und B) werden durch ein feines Sieb gestrichen. Das Gericht, ein Rezept aus der Entdeckerzeit Australiens, ist uns leider nur unvollständig überliefert. Eine Hausfrau mit Lust und Liebe zur Kochkunst (C) hat jedoch Gelegenheit, ihrer Experimentierfreude freien Lauf zu lassen (1, 2, 3, 5).

NILPFERD IN BURGUNDER

Etwas für festliche Tage, vorausgesetzt, daß sich das Nilpferd in Burgunder wohl fühlt. Nilpferd waschen und trocknen, in passendem Schmortopf mit 2000 Litern Burgunder, 6 bis 8 Zwiebeln, 2 kleinen Mohrrüben und einigen Nelken 8 bis 14 Tage kochen, herausnehmen, abtropfen lassen und mit Petersilie servieren (2, 4, 5).

STACHELSCHWEINKALTSCHALE

Ein frisches Stachelschwein aufkochen und durch ein feines Sieb streichen. Dann mit 1 bis 1 1/2 Litern Wasser und Zitronenschale nochmals aufkochen, mit etwas Mehl binden und über süße Makronen anrichten. Etwas für heiße Tage.

WALFISCH, TIROLER ART

Den gut abgehangenen Walfisch (A) ausnehmen und ein bis zwei Jahre wässern. Einen halben Liter Milch mit feingewiegten Zwiebeln, Delikateßgurken und Gewürzkörnern abschmecken. Die sorgfältig entgräteten Walfischfilets hineingeben und mit einem Lorbeerblatt servieren (2, 4). B: Eine Innsbrucker Hausfrau nach dem Entgräten.

A

B

### Gams-Knödel

Dieses in Norddeutschland auch »Gemsen-Kloß« genannte Gericht stammt von einer Schulfreundin meiner Großmutter mütterlicherseits. Die gut abgehangene Gemse wird (nicht zu schnell!) durch den Wolf gedreht (A) und mit 120 Semmeln, einem Ei, Salz, Pfeffer, Basilikum, Paprika, Majoran, Schnittlauch, Knoblauch, Curry, Salbei, Estragon, Beifuß, Liebstöckel und ganz wenig Melisse zu einem Kloß geformt. Den Kloß bei kleiner Flamme im Wasserbad erhitzen, kurz aufwellen lassen und mit den ungenießbaren Teilen waidmännisch dekoriert servieren (B).

JÄGER IM REISRAND

Nachdem man je nach Personenzahl ein bis zwei Pfund Reis mit einer Prise Salz hat gar kochen und in Randform stürzen lassen, bittet man einen jüngeren, frisch gewaschenen Jäger oder Forstadjunkten mit Hut, darin Platz zu nehmen. Dieses stimmungsvolle Gericht ist jedoch ausschließlich selteneren, repräsentativen Anlässen vorbehalten, da auch in der Forstlaufbahn die Nachwuchsfrage noch nicht gelöst ist und nur wenige Forstbeamte die Erlaubnis erhalten, sich für private Zwecke einen Abend frei zu machen.

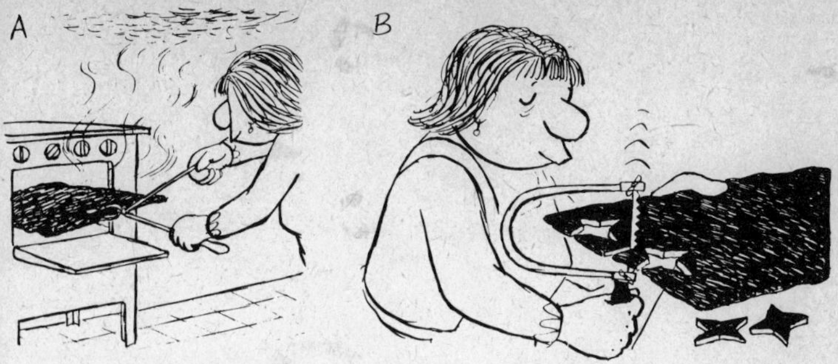


## Zimtsterne

3 Eiweiß schlagen, unter ständigem Rühren 250 g Puderzucker, 3 Tropfen Bittermandelöl, 1 Teelöffel Zimt, 325 g feingehackte Mandeln beigeben und alles gut durchkneten, Teig auf Backblech ausrollen und nach 6–8 Stunden aus dem Ofen nehmen (A). Dann beginnt Mutters beschauliche, vorweihnachtliche Laubsägestunde (B). Merke: Zimtsterne, von Mutter handgesägt, schmecken immer noch am besten!

## Dackel im Schlafrock

Wir bereiten aus 450 g Kokosfett, 575 g Zucker, 8 Eiern, 200 g Kakao und 250 g geriebenen Mandeln einen bekömmlichen Nougat-Teig und geben den Liebling hinein (A). 5–6 Minuten kühl und ruhig stehenlassen. Dann mit Mandeln, Rosinen und Tannengrün festlich dekorieren (B). Auch das Tier soll wissen, daß Weihnachten ist. Merke: Statt des Dackels kann man auch Neufundländer oder Meerschweinchen nehmen.

Herrschaften, die wegen KFZ-Wäsche oder aus Zeitnot vor der Mahlzeit auf das Händewaschen verzichten müssen, legen die Unterarme nicht auf das Tischtuch (A), sondern lassen die Handgelenke taktvoll auf der Stuhlkante ruhen (B).

Sehniges Fleisch oder andere ungenießbare Bestandteile festlicher Diners werden vom deutschen Feinschmecker nicht heimlich entfernt (A), sondern (B) an diskreter Stelle aufgehoben (Pfeil). Im Laufe des anschließenden geselligen Beisammenseins wird man sich rasch an den Fremdkörper gewöhnen (C).

Unordentliche Spaghetti stören das Schönheitsempfinden kultivierter Esser und gehören weder auf den Teller noch in den Magen (A). Linker Hand appetitlich gegliedert und einzeln gegessen, ist das Verspeisen der Spaghetti ein Musterbeispiel für vollendete Tischmanieren des Gourmets alter Schule (B).

Das Genießen von Speisen mit ungeschützter Messerklinge (A) führt nicht selten zu beklagenswerten Verletzungen. Kenner schieben den ebenso preiswerten wie wirkungsvollen Mundwinkelschoner (Pfeil) auf die Klinge und erhalten sich somit die Freude an der gepflegten Mahlzeit (B).

Sollten Sie bedenklich an Form verlieren, finden Sie in jedem gepflegten Haushalt geeignete Geräte für eine ebenso gründliche wie diskrete Erfrischung.

Der Eindruck, Sie seien betrunken, ist durch das Vorführen kleiner Geschicklichkeits-Übungen leicht zu verwischen.

Bei Gleichgewichtsstörungen waagrecht liegen. Nach ein, zwei Stunden fühlen Sie sich wie neugeboren.

Falls Sie im Zustand der Volltrunkenheit weder sehen noch hören, sprechen oder gehen können, empfiehlt es sich, den Heimweg anzutreten. Merke: *Je schneller, desto besser!*

Weiße Mäuse, die sich in großer Zahl frei im Zimmer aufhalten, sind kein sicheres Zeichen dafür, daß Sie sich im Hause eines Tierfreundes befinden. Gespräche darüber vermeiden und rasch nach Hause gehen!

Gegen 22 Uhr 30 erinnerte sich Herr Eberhard C. Mendelsohn, den Anzug schon morgens angelegt und tagsüber nicht mehr korrigiert zu haben.

Damen vornehmer Lebensart tragen Schmuckstücke von so ungewöhnlicher Kostbarkeit nicht aufdringlich zur Schau. Auch schlichtes Verbergen ermöglicht reizvolle Wirkung.

Im Herbst ist von hier aus das Fichtelgebirge zu sehen.

Die zivile Herrenmode bevorzugt im Herbst die handgestrickte Linie. Obenstehend ein Beispiel für feine Maßarbeit aus den Händen der Gattin: Bei Fertigstellung (A), nach der ersten Wäsche (B) und mit dem beliebten elegant-saloppen Sitz nach mehrmonatigem Eintragen (C). Merke: *Handgestricktes schmeichelt!*

Eine kleidsame Plastic-Hülle (Pfeil) garantiert auch bei ungünstiger Witterung von längerer Dauer Farbe und Form Ihres empfindlichen Velours-Hutes.

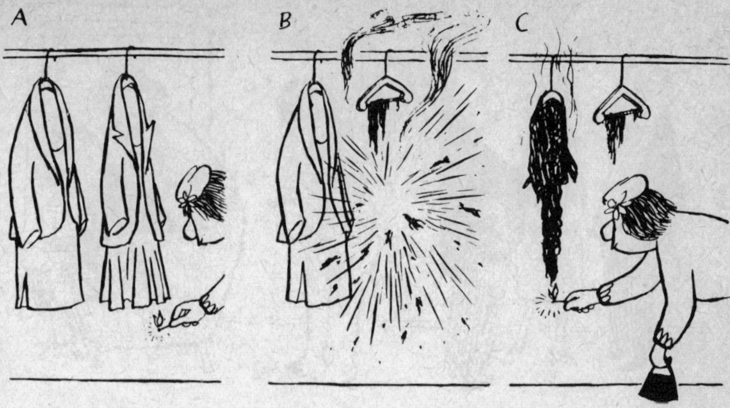


Wollekauf ist Vertrauenssache! Kluge Hausfrauen schützen sich durch die Brennprobe (A) vor späteren Enttäuschungen. Während das eine Kostüm durch Entwicklung einer Stichflamme minderwertige Materialbeimengungen vermuten läßt (B), beweist das andere durch langsames Verkohlen (C) seine hervorragende Qualität.

Falls sich der Gatte nicht zum Ankauf des ersehnten Modellkleides entschließen sollte, verhilft der Trick mit der Ladentür jeder Dame schnell zum erwünschten Erfolg.

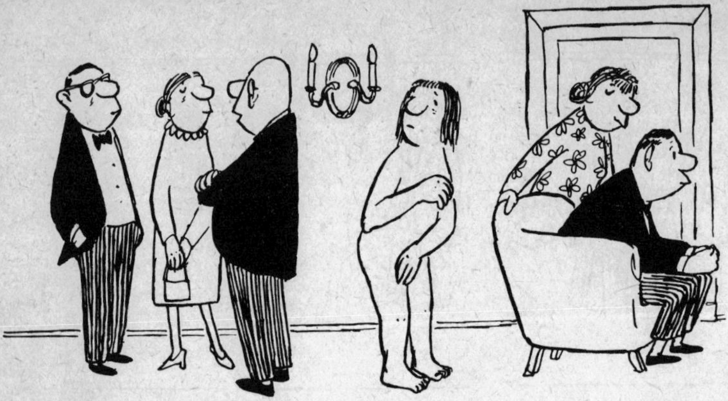

In dieser oder ähnlicher Lage leicht in den Arm kneifen. Wenn Sie nicht sofort aufwachen, Party unauffällig verlassen, auch wenn es grade sehr nett sein sollte.

Ein Fleck auf der Hose ist kein Beinbruch. Beinkleid flach auf den Tisch legen. Lauwarmes Wasser auftupfen. Kleinen Teller unterschieben. Butterflecke gehen mit Teer heraus.
Merke: *Scham verrät Unsicherheit!*

Wagenschmiere auf Ihrem Abendkleid entfernt Ihr ständiger Begleiter rasch mit Butter und Zitrone. Für kleinere Stellen (A) wird weniger, für größere (B) mehr benötigt.

Schwierig sind Flecken von weißen Westen zu entfernen, es sei denn, man befinde sich auf politischem Parkett. Hier hilft man sich mit farbenfrohen Dekorationsstoffen leicht über gröbere Verschmutzung hinweg.

Verantwortungsfrohe Polizeipräsidenten bekleiden ihre Verkehrsstreifen mit der schmucken Osterkluft. Die gut versteckten Beamten erweisen sich bei Überwachung des Festverkehrs als stimmungsstarke Freunde und Helfer.

Feinsinnige Frischei-Händler können den Verkauf der österlichen Ware zu einem kleinen vorfestlichen Ereignis gestalten. Auch eilige Hausfrauen werden diese Aufmerksamkeit des Ladeninhabers zu schätzen wissen.

Liebhaber moderner, streng sachlicher Wohnkultur brauchen auf Eiersuche im eigenen Heim nicht zu verzichten. Etwas Reisig und trockenes Laub ermöglichen manch reizvolles Versteck und gewähren auch dem verwöhnten Einzelkind Stunden spannender Suche.

Die schönste Osterüberraschung für das reife deutsche Mädel ist der von den Eltern (Pfeil) ausgewählte Lebensgefährte im Schmuck-Ei. Ein zu schweres Versteck gefährdet jedoch die Freude am zukünftigen Gatten. Das abgebildete Fräulein fand sein Ei erst nach acht Tagen. Die Ehe kam nicht zustande.

Als kleines Mitbringsel sollte der Nadelfestiger im eleganten Zerstäuber-Flakon unter keinem Christbaum fehlen. Das wohlriechende Mittel (A) hält trockene Fichten bis in den Sommer zimmerfrisch und verleiht dem Baumschmuck straffen Sitz in jeder Haltung (B).

Herrschaften in exponierter Position schätzen das eigene Denkmal in Original Düsseldorfer Künstlergips als Geschenk von bleibendem Wert. Zur Anfertigung genügt ein Paßfoto 5,5 × 3,5 cm (besondere Kennzeichen, Orden, Größe, Alter und Geschlecht angeben). Ausführung mit Pferd DM 1600,– (A), ohne Pferd DM 550,– (B).

Für Vati

Der automatische Smokingschleifenbinder »Lord« mit 0,5-PS-Motor und Fallstromvergaser (DM 148,50). Bei trockenem Schmiernippel (Pfeil) arbeitet das Gerät für hohe modische Anforderungen zu ungenau (A). Nach Betätigung der vorschriftsmäßig abgeschmierten Maschine sitzt die Schleife exakt, der hohe Verbrauch an Schmiermaterial macht jedoch die Anschaffung des Apparates unrentabel (B).

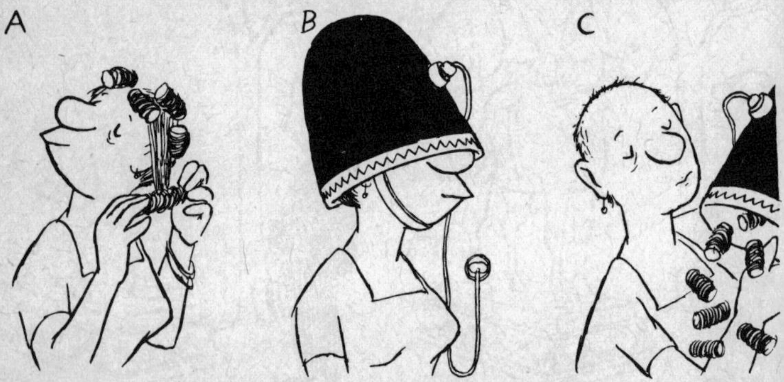


Für Mutti

Die patentierte Schnelltrockenhaubenkombination der Firma Brammel (Aschaffenburg). Die Abbildungen zeigen die Testperson beim Einrollen des Haares auf Patentwickler (A), während des fünfzehnminütigen Verbleibens unter der Schnelltrockenhaube (B) und beim Abnehmen derselben (C). Obgleich die Locken sich als ungewöhnlich dauerhaft erweisen, kann die Haube nicht ohne Bedenken empfohlen werden.

Für Oma und Opa

Das Taschen-Fernsehgerät »Philharmonie« ist der Weihnachtsschlager einer süddeutschen Firma (A). Die Testpersonen, ein Rentnerehepaar aus Wanne-Eickel, erklärten allerdings nach mehrmonatiger Verfolgung des Fernsehprogrammes (B), sie hätten zu Weihnachten statt dieses Gerätes (Pfeil) doch lieber Cognacbohnen.

Für das Kind

Die Rakete »Saturn Junior« zum Selbstmontieren für Acht- bis Zwölfjährige (im Geschenkkarton DM 97,70). Eine leichtfaßliche Anleitung ermöglicht auch unbegabten Kindern die Montage des kleinen Raumschiffes in wenigen Minuten (A). Es muß befürchtet werden, daß geräuschempfindliche Eltern den Verlauf des Weihnachtsfestes als unharmonisch empfinden (B).

Dieser vollautomatische Sparherd mit halbsynchronisierter Radar-Anlage, chlorophyllgesteuertem Lochkartensystem, lautstarker Abwässerhydraulik und Elektronenhirn mit Schwundausgleich hat sich schon die Herzen Millionen überlasteter Hausfrauen erobert. Die Abbildung zeigt das Küchenwunder während der Arbeit an zwei Königsberger Klopsen (Pfeil).

Der Patent-Drucktopf ›Glückauf‹ (a) ermöglicht die Zubereitung aller Speisen in Sekundenschnelle. Das Gerät arbeitet anspruchslos und absolut zuverlässig. Kürzlich erwies sich trotz Auftretens einer Ventilstörung die angesetzte Kohlroulade (Pfeil) als schmackhaft und bekömmlich.

# DAS AUTOMOBIL

## Allgemeines

Der Besitz eines Automobils hat in erster Linie eine Steigerung des Selbstbewußtseins zur Folge.

A

B

Trotz geringer Ausmaße der preisgünstigen Kleinwagen ist eine gepflegte Unterhaltung zwischen Fahrer und Fußgänger möglich. Sie verlangt jedoch ein ausgeprägtes Gefühl für gesellschaftliche Formen. A. Falsch, die Dame muß sitzen bleiben. B. Auch falsch, die Dame muß stehen bleiben.

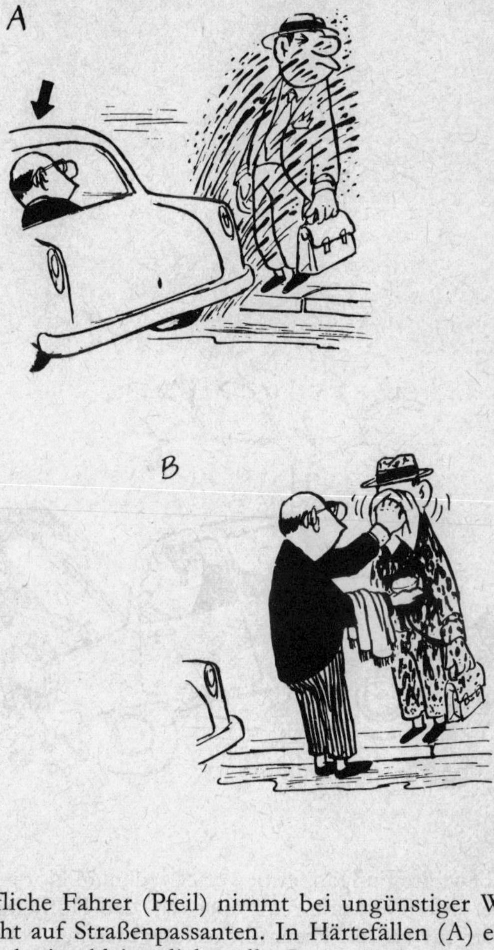


Der höfliche Fahrer (Pfeil) nimmt bei ungünstiger Witterung Rücksicht auf Straßenpassanten. In Härtefällen (A) erobert er sich durch eine kleine, liebevolle Geste mit Lappen und Seife (B) das Herz des Fußgängers. Merke: *Sei sauber, auch im Verkehr!*

Verkehrsbewußte Fußgänger beweisen jedem in Not geratenen Autofahrer durch tatkräftiges Zupacken, daß Höflichkeit kein leeres Wort für sie ist. Freundliches Begutachten schadhafter Motorteile vermittelt einsamen Automobilisten das Gefühl kameradschaftlicher Geborgenheit!

Nutzen Sie im Berufsverkehr zwischen 17.00 und 19.00 Uhr die Möglichkeiten verkehrstechnischer Kontaktpflege von Mensch zu Mensch. Motorisierte Kavaliere alter Schule lassen auch ihre langsameren Kollegen am Rausch der Geschwindigkeit teilnehmen.

Das fahrlässige Abstellen von Kleinwagen in dunklen Torwegen bildet besonders für ältere Leute eine Gefahr (A). Eventuelle Mißfallenskundgebungen können für das Fahrzeug ernste Folgen haben (B).

Neue Fahrzeuge weisen mitunter anfänglich kleine Fertigungsmängel auf, welche die Freude am Automobil beeinträchtigen können. Tempo verringern und Mitfahrende durch ein Scherzwort beruhigen.

Alle fünfzig Kilometer ist eine gründliche Durchsicht der Maschine ratsam, wenn Sie Unannehmlichkeiten vermeiden und zügig vorankommen wollen. Merke: *Geschwindigkeit ist keine Hexerei.*

Gelegentliche Bremsproben erhöhen die Verkehrssicherheit des Automobiles.

A

B

Damen bedienen sich anläßlich schwieriger Reparaturen natürlicher Hilfsmittel (A), die bei Herren jedoch nur in Ausnahmefällen Erfolg versprechen (B).

Eigenwilliges Verhalten hochgezüchteter Motoren ist noch nicht als Panne zu bezeichnen. Ruhig durchatmen und vorsichtig zur Landung ansetzen. Merke: *Über Ortschaften nicht schneller als fünfzig fliegen.*

Das häßliche Herumliegenlassen unbrauchbarer Kleinstfahrzeuge und das achtlose Wegwerfen derselben auf der Straße oder in öffentlichen Anlagen kann unter kultivierten Menschen nicht länger geduldet werden.

Der »Präsident 3000 TS«

Die Überprüfung der Fahreigenschaften des ›Präsident 3000 TS‹ ergab bisher unbekannte Spitzenwerte. Auch bei schärfster Übersteuerung hoben sich die Hartgummireifen (pneumo-elastisch durch Haftcreme-Auflage) keinen Zentimeter von der Fahrbahn (Pfeil). Die neuartige Scheren-Automatik mit Fliehkraftregler erlaubt trotz familiären Karosseriezuschnitts sportlichste Kurventechnik.

Der Kofferraum des Automobils bot bei guter Verstautechnik 97 Stück Koffern Platz.

Insassen-Vollschutz in kritischen Situationen ist das eindrücklichste Merkmal des »Präsident 3000 TS«. Bei hartem Aufprall mit Geschwindigkeiten über 30 km/h zerlegt sich das Fahrzeug in unschädliche Teilchen von Erbsengröße (A). Prellungen und Schnittwunden sind ausgeschlossen. Beseitigung der Überreste in zwei Minuten (B)!

Durch wenige Handgriffe wird aus der Aktentasche (A) ein formschönes Fahrzeug mit lautstarkem 2-PS-Motor (B, C, D). Die Innenausstattung befriedigt auch die verwöhntesten Ansprüche exklusiver Käuferschichten. Das Fahrzeug ist in Vollrindleder oder echter Plastik-Folie erhältlich, wasserabstoßend, atmungsaktiv und in den Farben Himmelgrau, Quarkweiß und Schamrot lieferbar.

Ein Aufprall auf harte Gegenstände löst die automatische Zusammenklappvorrichtung aus. Beschädigungen und behördliche Unannehmlichkeiten gehören der Vergangenheit an.

Die ungewöhnliche Aktentaschenähnlichkeit des Klappfahrzeuges kommt dem Wunsch des deutschen Autobesitzers nach schlichter Zurückhaltung entgegen. Andererseits empfiehlt sich eine deutliche Kennzeichnung der Aktentaschen, um Verwechslungen und damit unnötigen Verzögerungen beim morgendlichen Start vorzubeugen.

Auch für ungeübte Kraftfahrer ist das elegante Rangieren in Parklücken sowie individuelles Placieren des Fahrzeuges kein Problem mehr. Zudem bietet die reizvolle Auflockerung des Straßenbildes für das überlastete Auge des Großstadtmenschen eine willkommene Entspannung.

UMLEITUNG

Der harte Konkurrenzkampf zwingt die Automobilindustrie immer wieder zur Konstruktion von neuen technischen Raffinessen.

## Im Schlafwagen

Rechtzeitige Vorbereitung auf die Nacht beschleunigt die Arbeit des überlasteten Schlafwagen-Personals.

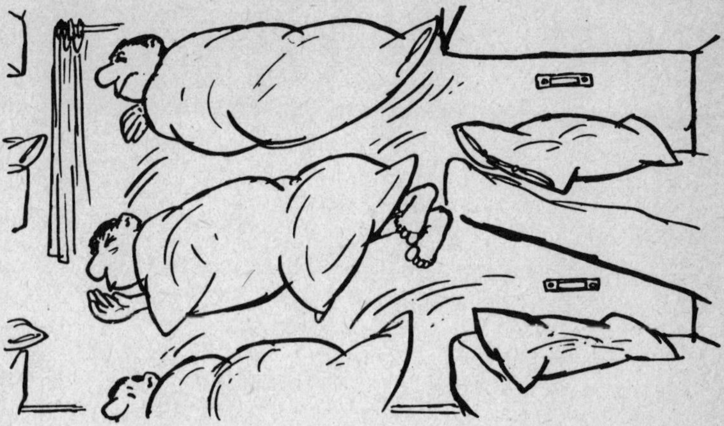

Unzweckmäßig ist das Verlassen des Bettes bei plötzlichem Halt auf freier Strecke. Merke: *Ruhe bewahren und weiterschlafen.*

## Im Hotel

Wer im Zweifel ist, ob er sich im richtigen Hotelzimmer befindet, unterziehe das vorgefundene Gepäck einer kurzen Durchsicht, bevor er sich gewaltsam Zutritt in das belegte Bett verschafft. Oft weisen schon Kleinigkeiten auf einen Irrtum hin und bewahren vor mißlichen Fehlgriffen.

Die Unsitte des Trinkgeldgebens hat erfreulicherweise einer würdigeren Form Platz gemacht. Drücken Sie dem Personal die Hand, jedem fest ins Auge sehend, und finden Sie ein aufrichtiges Wort des Dankes, dann wird man Sie nie vergessen.

Auf Höhepunkten der Reise, wo man erfahrungsgemäß stets einige Landsleute finden wird, sollte man in dankbarer Freude mit einem Liede des Vaterlandes gedenken. Das wird nie seinen Eindruck verfehlen. *Vorschlag:* »Warum ist es am Rhein so schön?...«

Falls Sie an Kulturstätten Ihr Monogramm zu hinterlassen wünschen, bedenken Sie, daß eine nur oberflächlich angebrachte Inschrift im Laufe der Jahrhunderte unleserlich zu werden droht.

Die touristische Erschließung der Zentralalpen wird in Fachkreisen als Triumph der Technik bezeichnet.

Falls Sie in verantwortlicher Stellung Ihrem eigenen Orientierungssinn nicht trauen, werden Ihnen Einheimische gern jede gewünschte Auskunft erteilen.

Nörgelei oder häufige Beschwerden wegen Kleinigkeiten werden an Bord nicht gern gesehen. Ernstere Beanstandungen oder Verbesserungsvorschläge sind schriftlich in doppelter Ausfertigung einzureichen und werden auf dem Dienstwege wohlwollend geprüft. Formulare sind täglich von 10 bis 11 Uhr (außer sonnabends) beim Zahlmeister erhältlich.

Nach Beendigung der Reise nimmt die Schiffsleitung gern eine kleine Aufmerksamkeit entgegen. Beliebt sind Blumen, Konfekt oder Rauchwaren. Unter erschwerten Umständen, wie bei dem abgebildeten Ausklang einer Kreuzfahrt durch die Karibische See, ist der Kapitän auch schon mit einem Paar Manschettenknöpfen (beispielsweise) sehr zufrieden.

Schiffbrüchige, die sich in finanziellen Schwierigkeiten befinden, können mit etwas geschäftlichem Fingerspitzengefühl in wenigen Jahren eine gesicherte Existenz aufbauen.

Am leichtesten fällt dem Naturfreund die unerwartete Situation. Für ihn gilt die Devise: Natur ist überall schön!

Kleidsame Plaketten und Kofferkleber in künstlerischer Ausführung verleihen Ihnen das Fluidum weltmännischer Reise-Erfahrung.

Bei engem Kontakt zur einheimischen Bevölkerung (A) können Sie ebenso farbenfrohe wie preiswerte Andenken mit nach Hause nehmen (B).

Ungewohnte Umgebung und günstige Lage zur Wasser- und Stromversorgung kennzeichnen den Zeltplatz des erfahrenen Camping-Freundes (Pfeil).

Da Sie auch auf Campingplätzen zum Einnehmen einer warmen Mahlzeit berechtigt sind, wird jeder Förster für kleine Mißgeschicke Verständnis haben, die oft unvermeidlich sind. Bei schwerwiegenden Vorfällen empfiehlt es sich, dem Hüter des Waldes eine Aufmerksamkeit zukommen zu lassen (Blumen, Konfekt).

Durch enge Beziehungen zur Landwirtschaft werden Sie in kurzer Zeit jenen Tagesrhythmus lieben lernen, dem Sie als naturentfremdeter Großstädter bisher ablehnend gegenüberstanden.

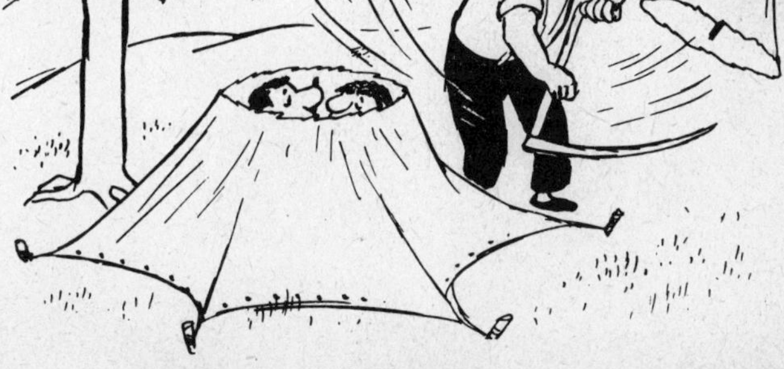

Der Kavalier steht auf, wenn eine Dame das Zelt betritt. Diese einfache Geste der Höflichkeit wird heute oft unter fadenscheinigen Gründen außer acht gelassen.

Schon aus gesundheitlichen Gründen gilt ein Campingurlaub in der Nachsaison als Geheimtip für Genießer.

# LEIBESERTÜCHTIGUNG

## Zu Pferde

Die Anfreundung zwischen Mensch und Pferd sollte aus psychologischen Gründen nicht überstürzt werden. Im Gewöhnungsstudio findet der zukünftige Reiter Gelegenheit, sich schrittweise mit den Eigenarten des Pferdes und seiner Beherrschung vertraut zu machen.

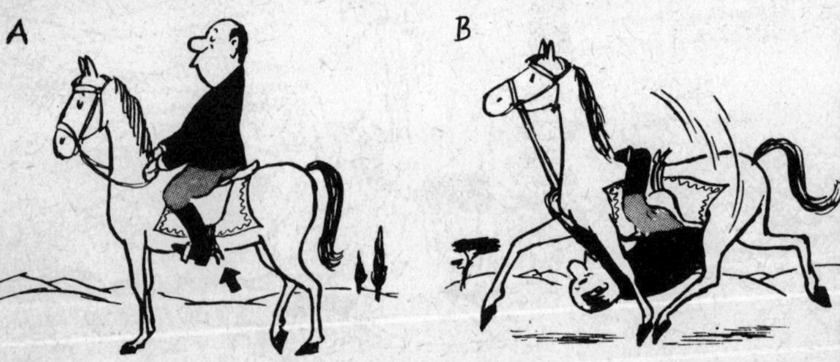


Bei sachkundigem Satteln edlen Pferdematerials (A) ist der Sattelgurt (Pfeil) nur zart anzuziehen, um dem empfindlichen Tier in allen Gangarten die erwünschte Frische zu erhalten (B).

Freunde des Rennsportes werden sich erinnern, daß Jockey G. Lutze im Großen Preis von Bingen 1961 den Hengst Rokoko aus dem Gestüt Ulmenhorst trotz hoher Wetten nicht ans Ziel brachte.

Der Name des abgebildeten Cowboys ist nicht, wie ursprünglich angenommen, W i s h i n g t o n C. MacKenzie, sondern W a s h i n g t o n C. MacKenzie.

RICHTIG

FALSCH

Versehentliches Erlegen von Forstbeamten durch Neulinge des Waidwerks gehört zu den Schnitzern, die zwar nicht gern gesehen, doch entschuldbar sind. Während der Herr oben im Besitz eines gültigen Jagdscheines ist, hat der Herr unten durch das Fehlen desselben mit großen Unannehmlichkeiten zu rechnen.

Herren, die nicht genau wissen, worauf es bei der Jagd ankommt, sollten ihre Teilnahme absagen, auch wenn sie nachweislich große Erfolge haben.

Diese niedersächsische Sau durcheilte, einmal gereizt, die Lüneburger Heide, bog auf der Höhe von Soltau in die Autobahn ein und wurde kurz vor Basel durch eine Verkehrsstreife wegen Überschreiten der Höchstgeschwindigkeit zum Halten gezwungen.

Aus Afrika stammt die Unsitte, sich nach der Jagd in einer für das Opfer entwürdigenden Weise fotografieren zu lassen (oben). Vorbildlich verhält sich die unten abgebildete Jagdgesellschaft. Das Foto mit der gemeinsam erlegten Schnepfe (Pfeil) ist ebenso beeindruckend wie taktvoll.

Die Jagdtrophäen Herrn Baeckers sind Erbstücke vom Großvater mütterlicherseits.

In den Morgenstunden ist eine Lockerungsübung zu empfehlen. Körpergewicht auf das Standbein verlagern, Spielbein von der Hüfte über das Knie bis zu den Zehenspitzen mehrfach ausschütteln (Abb. 1 bis 3). Ein Heimturner aus Rheinland-Pfalz überrascht hierbei durch ungewöhnliche Leistungsfähigkeit.

Der Herr links wirkt auf den ersten Blick zwar überlegen, hat bei internationalen Turnieren aber nur wenig Aussicht auf den Sieg.

Bei Skisprüngen von Weltklasse scheinen dem Laien alle Gesetze der Schwerkraft aufgehoben.

Dieses bisher unbekannte sportliche Ereignis fand am 6. Januar 1959 in Berlin-W, Kantstraße 102 statt. Ein ähnlicher Fall soll sich im Jahre 1897 in den Vereinigten Staaten zugetragen haben. Dort handelte es sich allerdings um einen Golfball.

# KULTURELLES

## Gattenwahl

Fräulein Gertrud M. hat mit ihren Bemühungen um einen eventuellen Lebensgefährten bisher noch keinen eindeutigen Erfolg erzielt.

Liebeserklärungen auf offener Straße erfordern sorgfältige Platzwahl, wenn dem leise gehauchten »Du« der angestrebte Erfolg nicht versagt bleiben soll.

Auch erfolggewohnte Herren übersehen gelegentlich kleine, aber wichtige Umstände, die eine Liebeserklärung nicht ratsam erscheinen lassen.

Bei der abgebildeten Seerose handelt es sich um ein besonders schönes Exemplar der Nymphaea alba aus der Familie der Nymphaeaceae.

Herr Lambert erklärte später, er sei damals sehr in Eile gewesen.

A

B

Durch frühzeitige körperliche Blüte neigt das Kind zu betont bequemer Haltung (A). Feinfühlige Eltern werden sich, besonders in der Öffentlichkeit, dem Auftreten ihres Kindes anpassen, um ihm mit dem Gefühl familiärer Zusammengehörigkeit seelisch den Rücken zu stärken (B).

Schwierige Kinder sollten nicht zum Besuch einer höheren Schule gezwungen werden. Das Leben formt sie später von selbst. Ein gutes Beispiel bietet hierfür Claus Günther K. aus Wuppertal, der schon als Zehnjähriger auf eine Anfrage betreffs eventuellen Oberschulbesuchs unfroh reagierte (A). Er wurde deshalb im Spielalter belassen, so lange er es wünschte, und steht heute mit 51 als Aufsichtsrat-Vorsitzender eines internationalen Stahlkonzerns seinen Mann (B).

Der Besitz eines Fernsehapparates ist kein Grund zur Langeweile. Das Gerät ermöglicht bei richtiger Verwendung unvergeßliche Abende jugendfreier Unterhaltung.

Bescheidenen familiären Ansprüchen genügt eine einfache Laubsägearbeit, die auf ebenso originelle wie eindringliche Weise ein kurzweiliges Abendprogramm vermittelt.

Bewohner von Mehrfamilien-Häusern können sich durch eine preiswerte bauliche Veränderung ein ganztägiges Programm verschaffen, das in bezug auf Fernseh-Unterhaltung höchsten Ansprüchen genügt.

In vielen Fällen ersetzt schon eine Waschmaschine die technischen Feinheiten neuzeitlichen Fernseh-Stils, wobei sich in bequemer Form das Angenehme mit dem Nützlichen verbindet.

Beethovens Klaviersonate Nr. 31 in As-dur, Opus 110, stellt im dritten Satz Anforderungen, denen durchschnittliche Pianisten nicht gewachsen sind.

Für besinnliche Stunden im engeren Freundeskreis bevorzugt Herr Bartels die Suite für Violoncello solo Nr. 2 in d-moll von J. S. Bach (BWV 1008).

A

B

*Pfänderverleihen* ist ein besonders in Norddeutschland verbreitetes Steckenpferd wohlhabender Kreise. Auch die kühle Anfangsstimmung der abgebildeten privaten Hamburger Abendeinladung (A) weicht im Verlauf dieses launigen Gesellschaftsspieles einer knisternden erotischen Atmosphäre (B).

Schwierige Zauberkunststücke unter Verwendung von Zuschauern sollten nur mit perfekten Sachkenntnissen begonnen werden. Das Vergessen wichtiger magischer Formeln wird von den Betroffenen nicht als unterhaltsam empfunden.

Ein beliebter Salontrick, zu dem Sie keinerlei Vorkenntnisse benötigen. Um Unannehmlichkeiten zu vermeiden, empfiehlt es sich jedoch, das Einverständnis der betreffenden Dame und eine Genehmigung der Mordkommission einzuholen. Merke: *Nur saubere Säge verwenden.*

A

B

Wertvolle Menschen gehören auch beim Einkauf von Theaterkarten an die Spitze. Überwinden Sie Beklommenheit und Angst vor der Masse (A). Gelegentliche kränkende Zurücksetzungen (B) sollten Sie nicht mutlos in Ihrem Streben machen. Merke: *Viel Feind – viel Ehr!*

Das flegelhafte Drängeln durch besetzte Reihen läßt mangelhafte Kinderstube und Unkenntnis in technischen Dingen vermuten. Durch leichtes Anheben der Klappsitze werden Sie ohne die üblichen Belästigungen rasch Ihren Platz erreichen.

Niemand kann Ihnen eine Mahlzeit während der Vorstellung verwehren. Das Auswickeln von Broten und Süßwaren verursacht störendes Knistern. Warme Tellergerichte dagegen sind nicht nur bekömmlicher, sondern auch geräuscharm einzunehmen.

Während der Fahrt auf der Achterbahn ist das Hinauslehnen, Aufstehen, Schunkeln, Rauchen und Essen streng verboten.

Ein Fußleiden verbietet Tierpfleger Robert K., selbst in dieser Rolle aufzutreten.

Reiner Carrara-Marmor gilt als edelstes Material zur Gestaltung moderner Gedenkstätten.

Das unabhängige, überparteiliche ›Frankfurter Tageblatt‹ ist nicht zuletzt wegen seiner scharfsinnigen politischen Kommentare aus keiner gebildeten Familie mehr wegzudenken.

Plötzliche Regenfälle können zum Betreten einer Buchhandlung zwingen. Meistern Sie Ihre Unsicherheit in der ungewohnten Umgebung. Beim Blättern in Büchern Handschuhe und Fäustlinge (auch nasse) anbehalten, um Verschmutzung der teils wertvollen Werke durch die bloße Hand zu vermeiden. Das Herausreißen einzelner Seiten verrät geistige Regsamkeit. Merke: *Nicht auf die Bücher spucken.*

Außer Hause

Die finanziellen Folgen rückläufiger Konjunkturentwicklung gehen im kapitalistischen Wirtschaftssystem immer zu Lasten des kleinen Mannes.

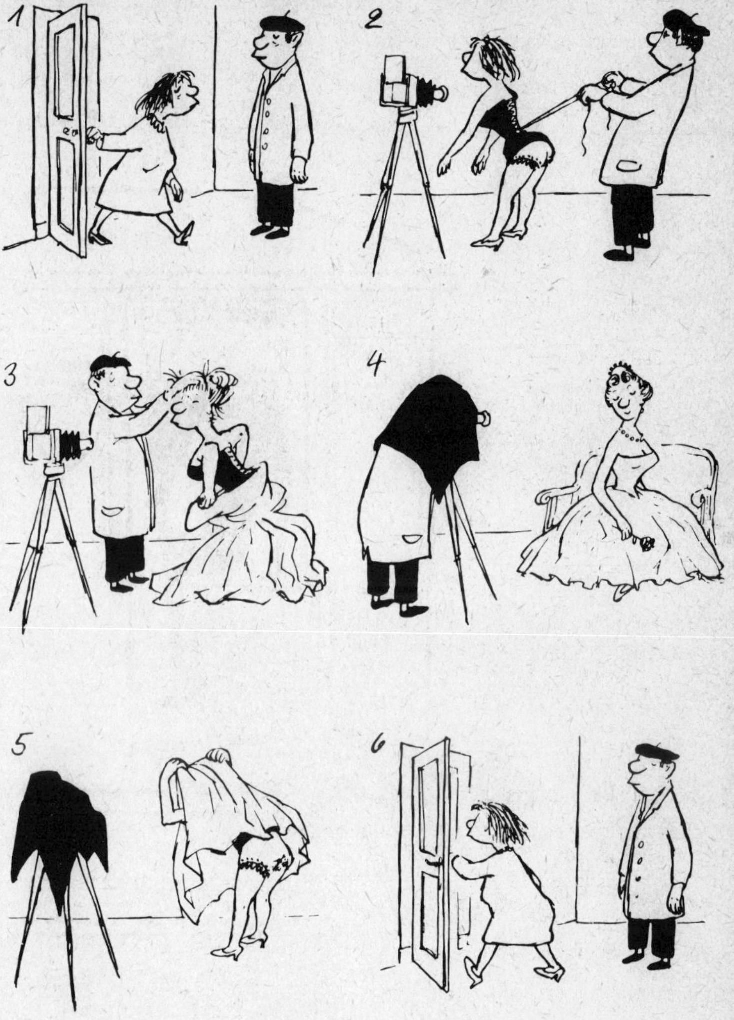


Spitzenmodell Gloria führt seit Jahren ein unstetes Leben zwischen Paris, London, Rom und New York.

Der Transport der britischen Kronjuwelen zur Weltausstellung in Montreal gestaltete sich doch komplizierter, als ursprünglich angenommen.

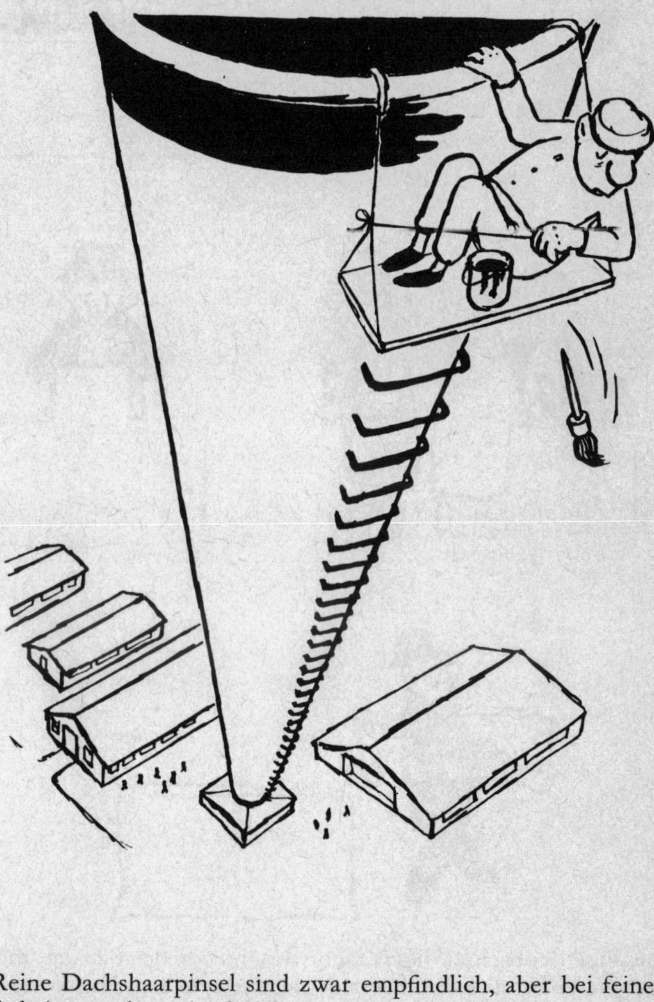

Reine Dachshaarpinsel sind zwar empfindlich, aber bei feinen Arbeiten sauberer im Strich.

Zufällige Beobachter dieser Szene stimmten in der Behauptung überein, es handele sich bei dem Herrn mit hellem Hut keinesfalls um einen gewissen Harry Laubenheim.

## Erdöl auf eigener Scholle

Das abgebildete Rentnerehepaar hatte Glück. Es stieß bei intensiver Nutzung seines Grundstücks in 980 Meter Tiefe auf Erdöl. Der tägliche Ertrag liegt heute schon zwischen 0,46 und 0,47 Liter. Das entspricht (nach geeigneter Verarbeitung) wahlweise 50 Metern Autofahren oder einem Teelöffel Delikateß-Margarine.

Volle Befriedigung auf dem Gebiet der Erdölgewinnung vermittelt die Ölraffinerie im eigenen Heim. Erst der deutliche Marktanteil am wirtschaftlichen Aufschwung führt zum Genuß privater Gemütlichkeit.

Mangelnde Vorkenntnisse auf bohrungstechnischem Gebiet hindern Herrn Siegmund F. seit Tagen an der Ausbeute eines überraschenden Ölfundes.

Optiker Nolte zog sich zwei Monate später aus dem Geschäftsleben zurück.

## UMGANG MIT TIEREN

### Die Schildkröte

Die Schildkröte Cäcilie entwich im Juni 1932 aus dem Münchner Tierpark. Zur Zeit ist man ihr in der Gegend von Southampton hart auf den Fersen.

## Das Erdschwein
*(Orycteropus)*

2

Herrschaften von stiller Wesensart werden sich zu einem Erdschwein (1) hingezogen fühlen. Das anhängliche Tier ist wartungsfrei, tagsüber kaum zu sehen und verläßt nur an Herrchens Hand das Haus. Im Wohnzimmer eines namhaften Staatsanwalts und Erdschweinfreundes erinnert wenig an die Anwesenheit von vier weiteren Orycteropussen (2). Gebräuchliche Rufnamen für Erdschweine sind Engelbert, Siegfried, Seppl und Victor.

## Die Riesenfledermaus
*(Megachiroptera)*

Sportlich eingestellte Haustierfreunde greifen gern zu Riesenfledermäusen (1). Das tagsüber meist schlafende Tier trainiert die körperliche Geschmeidigkeit seines Besitzers (2). Allnächtliches Ausführen und mehrstündiges Steigenlassen der Fledermaus stillt auf angenehme Weise das Bedürfnis des Tierhalters nach Bewegung und frischer Luft (3).

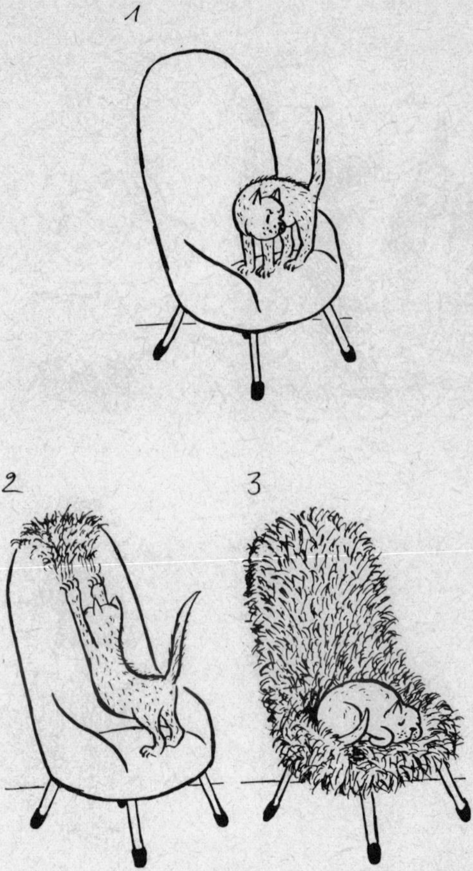


Reifere Katzen sind unentbehrlich für das gemütliche Heim. Ladenfrische Polstermöbel, die meist eine unfrohe Strenge ausstrahlen (1), weisen nach kurzer, aber intensiver Bearbeitung durch das Tier (2) schmiegsame Wohnlichkeit auf (3).

A

B

Jugendliche Katzen benötigen Unterricht in Sport und Spiel. Oft genügt eine halbfertige Strickerei, um das possierliche Treiben der Kleinen anzuregen (A). Wollsachen in modischer Eigenwilligkeit sind daher das Kennzeichen vorbildlicher Katzenfreunde (B).

A

B

Bei Hund Willi führten zu hastig eingenommene Mahlzeiten zu nervösen Reaktionen (A). Dem günstigen Einfluß eines Tierpsychologen ist es zu verdanken, daß Willis Verhalten gegenüber Fremden heute nur noch spielerischen Charakter hat (B).

Durch die Verabreichung zusätzlicher Aufbaustoffe während des Wachstums Ihres Lieblings sind oft überragende Erfolge zu erzielen. Die Abbildungen zeigen den Dackel Siegfried mit seinem Besitzer vor und nach einer mehrwöchigen Kur mit einem hochwirksamen Vitaminpräparat.

Hunde sind dankbar. Schon nach wenigen Unterrichtsstunden beweisen sie sich gegenüber ihrem Herrn in jeder Situation als treuer Freund und Helfer.

Ausreichende Spaziergänge im Freien halten den Maulwurf und seinen Besitzer elastisch. Asphalt- oder Pflasterstraßen machen das Tier jedoch mürrisch und ungehorsam. Verantwortungsbewußte Maulwurfhalter bevorzugen daher gepflegte öffentliche Anlagen zur regelmäßigen Bewegung ihres Lieblings. Merke: *Auch Maulwürfe anleinen!*

In der Gefangenschaft geborene Maulwürfe sind ihrer ursprünglichen Lebensweise meist völlig entfremdet und werfen nur noch fehlerhaft oder gar nicht mehr Maul. T. Reychardt, der führende (west-)deutsche Maulwurfhalter, rät, dem Tier seine natürliche Wühlfreudigkeit durch persönliches Vorbild wieder anzuerziehen.

Besitzer von Rasenflächen leben zunächst in gespanntem Verhältnis zu den schmucken Pelztierchen. Maulwurffreund T. Reychardt (Pfeil) aus München-Harlaching hat die einzig wirksame Methode zur Zivilisierung derselben ausgearbeitet. Nach mehrwöchigem Gedankenaustausch auf gleicher Ebene folgt der Maulwurf seinem neuen Herrchen meist ohne Widerworte in die Wohnküche. Die Abbildung links zeigt Herrn Reychardt mit Maulwurf von oben. Rechts dasselbe im Schnitt.

Auch als Pelztier ist der Maulwurf beliebt. Eine Mannheimer Familie trug sich mit der Absicht, einen Pelzhandel zu gründen, konnte sich jedoch nach wochenlangem Zusammenleben nicht mehr von den Tieren trennen. Sie haben sich seither gut in die häusliche Gemeinschaft eingearbeitet.

Blende elf, eine sechzigstel, Fünf-Zentimeter-Teleobjektiv, zweiundzwanzig Zehntel Din, Kunstlicht.

Kapitän Hansen war schon in seiner Kindheit kein ausgesprochener Vogelfreund.

Sehr zu Unrecht sind Walfische als Haustiere noch wenig populär. Wegen seines geringen Wasserverbrauchs ist der Wal gerade für die Haltung in Kleinwohnungen geeignet. Bei guter Pflege (Bild) erweist er sich schon bald als häuslich und kinderlieb.

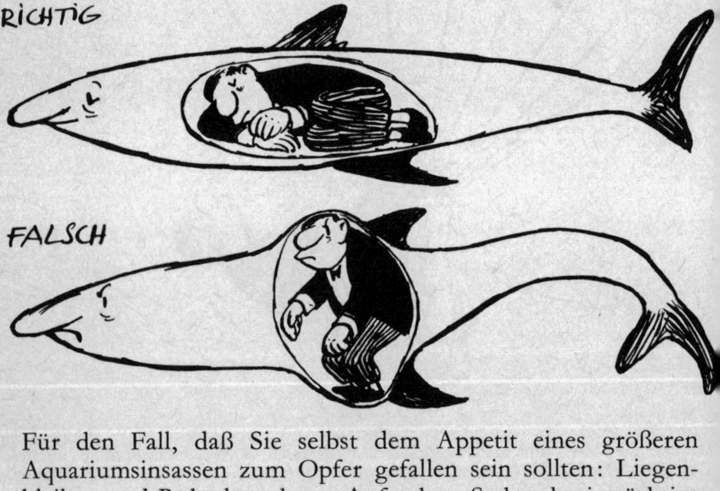


Für den Fall, daß Sie selbst dem Appetit eines größeren Aquariumsinsassen zum Opfer gefallen sein sollten: Liegenbleiben und Ruhe bewahren. Aufrechtes Stehen beeinträchtigt Schwimmfreudigkeit und Wohlbefinden Ihres Schützlings.

## Umgang mit Robotern

1

2

Bei unartigen oder schwer erziehbaren Robotern ist von körperlicher Züchtigung abzuraten (Abb. 1 und 2). In Notfällen erweisen sich Kneifzangen als wirksam.

A

B

Ältere Roboter sind vor Überanstrengung (A) zu schützen. Bei plötzlichem Kollaps (B) ist eine gründliche Durchsicht nötig oder die Anschaffung eines neuen Exemplares zu erwägen.

Zu tief angebrachte Triebsätze (A) beeinträchtigen die Freude am neuen Gerät. Trotz hohen Energieverbrauchs legen Sie nur unbedeutende Entfernungen zurück (B).

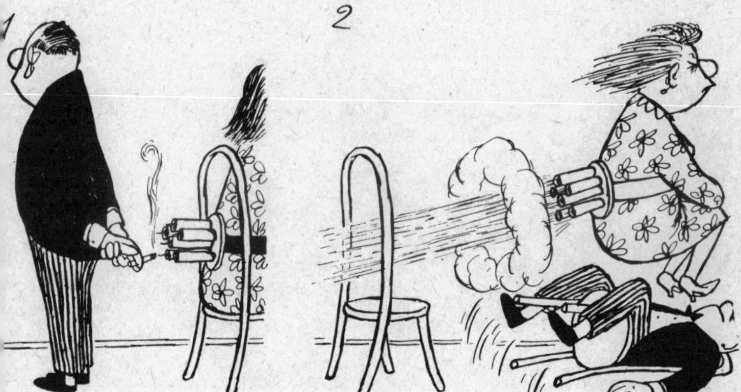


Ferner ist für Besitzer des einfachen Modelles, das auch von Damen gern getragen wird, Vorsicht geboten bei Rauchern und offenem Licht. Versehentliche Berührung der empfindlichen Zündmasse mit einer glimmenden Zigarette zwingt Sie zum unfreiwilligen Verlassen der Gesellschaft in Schallgeschwindigkeit.

Am meisten gefragt unter den gängigen Typen ist gegenwärtig die *Jupiter privat*. Ihr gefälliges Äußere (A) versöhnt mit der Tatsache, daß das Landeproblem noch nicht endgültig gelöst ist (B).

Anspruchsvolle Raketenfreunde bevorzugen das Mehrstufengerät *Monika* (mit Schwundausgleich). Frau Gisela P. (31) befindet sich nach geglücktem Start mit diesem Modell auf ellipsenförmiger Bahn um die Erde. Sie rechnet mit einer Flugzeit von 250 Jahren und einem mittleren Erdabstand von 85 000 Kilometern. Zur Zeit steht sie im Sternbild des Großen Bären.

Radelnde Monarchen in vollem Ornat befinden sich auf Staatsbesuch und sind mit Jubel willkommen zu heißen (A). Abgelegte Reichs-Insignien (Pfeil) und bürgerliche Kopfbedeckung deuten auf inoffiziellen Aufenthalt. Die Begrüßung durch die Bevölkerung bleibt freundlich, doch dezent (B).

Auch vorüberschwimmende Monarchen haben Anspruch auf Huldigung von seiten der Bevölkerung. Hier entspricht jedoch schon eine ehrerbietige Verneigung im Winkel von 90 Grad den Bestimmungen des höfischen Zeremoniells.

# ÖFFENTLICHE DIENSTE

## Bundeswehr

Wenn die Knospen sprießen, sind die Angehörigen der Bundeswehr besonders behutsam anzufassen. Vornehmlich in der Nahkampfausbildung (A) ist jedem Soldaten die Möglichkeit zu geben, trotz strammer Haltung innerlich und äußerlich ein ganz neuer Mensch zu werden (B). Merke: *Feldgraue Frühlingsgefühle stärken den Geist der Truppe.*

Seelische Schwierigkeiten im Gelände beseitigt die leichte Feldcouch (L. F. C.) 08/63. Schütze Otto B. klagte über unerträgliche Abneigung gegen Geländedienst bei feuchter Witterung. Nach sofortiger psychotherapeutischer Behandlung und 72 Stunden hypnotischem Tiefschlaf robbte Otto freiwillig 250 Meter durch tiefen Morast.

Ein Bonner Modeschöpfer schuf diese entzückende Kampfkombination in altrosa Baumwollrips. Das leicht angekrauste Beinkleid betont die Hüftlinie. Ein sportlich geschnittenes Oberteil mit Dreiviertel-Arm vervollständigt den jugendlichen Eindruck (A). Nabelfrei und mit knapper Popeline-Bluse eignet sich das St-Tropez-Modell für Geländeausbildung an heißen Tagen (B). Aus jasminfarbenem Kunstseiden-Crêpe ist der kleine Abendanzug des Offiziersanwärters (C). In schlankmachendem Schrägschnitt fällt der Stoff weich von der Schulter, wo er durch eine Medaille (Pfeil) gehalten wird.

Der ribbelfeste Gewehrwärmer aus reiner Schafwolle (1) ist der Stolz des Soldaten. Er hält die Waffe handwarm und bringt durch seine hohe Elastizität jeden versehentlich gelösten Schuß (2) in den Besitz des Schützen zurück (3). Der ›GW 61‹ ist lieferbar in den Farben Hellblau (für Herren) und Rosa (für Damen).

Der große Paradeanzug vereinigt im Sommer schmückende historische Elemente mit moderner militärischer Kargheit. Zur Wahrung der Disziplin werden die Modelle streng nach Dienstgraden unterschieden. Zwischen einfachen Soldaten (A), Hauptleuten (B) und Generälen (C) ist eine Verwechslung künftig ausgeschlossen.

Die unliebenswürdige Form des Stahlhelms verletzt das modische Empfinden des jungen Soldaten. Ein formschöner Filzhut mit Stahleinlage unterstreicht trotz aller Eleganz die männliche Note (A) und vermittelt bei plötzlich auftretender Gefahr ein angenehmes Gefühl der Geborgenheit (B).

Militärische Feierstunden hinterlassen vor allem beim zivilen Betrachter einen unauslöschlichen Eindruck.

Geringe Körpergröße (1,15 m) verursachte bei Stabsfeldwebel Erwin M. quälende Minderwertigkeitskomplexe vor der Truppe (A). Durch engen seelischen Kontakt mit einem bedeutenden Schweizer Psychotherapeuten gewann Erwin noch am selben Tage ein vielbewundertes Maß an Sicherheit und Selbstvertrauen (B). Er plant die nachträgliche Ablegung der Reifeprüfung und das Einschlagen der aktiven Offizierslaufbahn.

Die hohe Anfangsgeschwindigkeit der Feldhaubitze 58 erklärt ihre enorme Reichweite von über 120 Kilometern.

Generalleutnant Dallwitz (rechts) ist bei der Neubesetzung des Oberkommandos der Heeresgruppe Mitte in engerer Wahl.

Maßgebende Kreise bezweifeln, ob man nach diesem Vorfall Kriege überhaupt noch als wünschenswert bezeichnen könne.

Nur unzarte Polizeibeamte bestehen bei nächtlicher Haussuchung auf Räumung des Bettes. Der geschulte Polizist überprüft die Matratze mit wenigen sicheren Griffen auf Sprengstoff, Flugblätter und Leninbüsten, ohne den Nachtschlaf der Betroffenen zu gefährden.

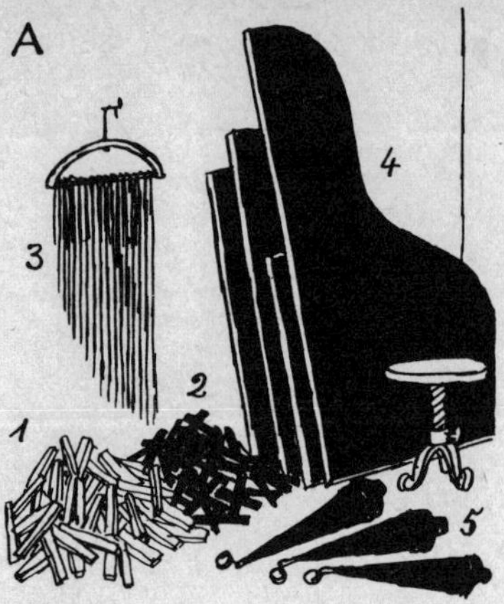


B

Ordnungsliebe und Höflichkeit kennzeichnen das Vorgehen des vorbildlichen Sicherheitsbeamten. Nach gewissenhafter Überprüfung eines Konzertflügels, auf dem Stücke des seinerzeit mit dem Osten sympathisierenden Komponisten Tschaikowski gespielt worden sein sollen, wurde das wertvolle Instrument (A) in sorgfältig geordnetem Zustand verlassen. 1: weiße Tasten, 2: schwarze Tasten, 3: Saiten, 4: Gehäuse, 5: Füße. Der Abschied von der Pianistin gestaltete sich nach den Umgangsformen alter Schule (B).

Humorlosigkeit lähmt den Schwung der Polizeiaktion. Heitere Einlagen des Einsatzkommandos sorgen dagegen für die Auflockerung des ernsten Anlasses und verleihen Polizist und Heimgesuchten das Gefühl fröhlicher Verbundenheit. Merke: *Haussuchung macht Spaß.*

Rasches, präzises Arbeiten ist die Voraussetzung für eine erfolgreiche Haussuchung. Der Einsatz von Mitgliedern des Polizei-Musikkorps verkürzt durch Abspielen flotter Marschmusik die undankbare Aufgabe des suchenden Beamten und hinterläßt beim Wohungsinhaber den Eindruck eines harmonischen Beisammenseins.

Durch barsches Wesen verscherzen sich Polizisten oft den zunächst guten Eindruck. Feinfühlige Kollegen erreichen dagegen schnell den angestrebten erzieherischen Erfolg.

Intime Beobachtungen durch Herren der Kriminalabteilung werden nicht nur in den Sommermonaten gewissenhaft durchgeführt (A). Auch im Herbst und im Winter erfolgen die Ermittlungen mit der gleichen Diskretion (B).

A

O

Sofortige Prüfung verdächtiger Elemente ist das A und O wirksamer Spionageabwehr. A: Es handelt sich um einen feindlichen Agenten. O: Wahrscheinlich nicht.

Fortgeschrittene Amateur-Detektive sollten stets die Augen offenhalten, aber nicht versucht sein, hinter jeder Bagatelle gleich ein Verbrechen zu vermuten.

Herr Günther A. zeigte sich den Anforderungen im Außendienst der Bundespost weder in körperlicher noch in geistiger Hinsicht gewachsen.

Es ist Herrn Bredenbek nicht zu verübeln, wenn er nach diesem Vorkommnis nur noch in dringenden Fällen telefoniert.

Verklemmte Postbeamte sind kein Gewinn für die Öffentlichkeit (A). Natürliches Entfalten aufblühenden Gefühlslebens verleiht der spröden, postalischen Materie menschliche Wärme und gewährleistet durch engere Kontakte zum Publikum zügige Abfertigung im Schalterverkehr (B).

Anwärter auf die gehobene Postbeamtenlaufbahn haben die Möglichkeit, sich gründlich in die Materie einzuarbeiten.

Bei mangelhaftem Orientierungsvermögen des Lok-Personals sind Ungenauigkeiten im Fahrplan unvermeidbar.

Durch steigende Investitionen gelang es der Bundesbahn, mit der verkehrstechnischen Entwicklung Schritt zu halten.

Die täglichen Beanstandungen am Gleiskörper zwischen Celle und Lüneburg sind mit Sicherheit auf spielende Kinder zurückzuführen.

In den meisten Fällen können Großbrände durch sofortige Einleitung geeigneter Maßnahmen unter Kontrolle gebracht werden.

Brandmeister Dröge versichert, diese Darbietung in dringenden Fällen auch mit zwei Bällen zeigen zu können, vorausgesetzt, daß ihm zwei Schläuche zur Verfügung gestellt werden.

FALSCH

Bellender Husten beeinträchtigt die Übertragung der Bundestagsrede und schadet dem Ansehen der Fraktion.

RICHTIG

Eine unauffällige Schraubzwinge aus Edelholz unterbindet wirksam das lästige Nebengeräusch und unerwünschte Rückschläge für die politische Karriere.

Brandmeister Dröge versichert, diese Darbietung in dringenden Fällen auch mit zwei Bällen zeigen zu können, vorausgesetzt, daß ihm zwei Schläuche zur Verfügung gestellt werden.

Falsch

Bellender Husten beeinträchtigt die Übertragung der Bundestagsrede und schadet dem Ansehen der Fraktion.

Richtig

Eine unauffällige Schraubzwinge aus Edelholz unterbindet wirksam das lästige Nebengeräusch und unerwünschte Rückschläge für die politische Karriere.

FALSCH

Husten aus dem ersten Glied der Ehrenkompanie verletzt das Protokoll zum Empfang ausländischer Staatsoberhäupter.

RICHTIG

Vorschriftsmäßiges Anlegen des Stahlhelms bei Erkältungserscheinungen ermöglicht das Husten im Glied auch während der Anwesenheit diplomatischer Prominenz.

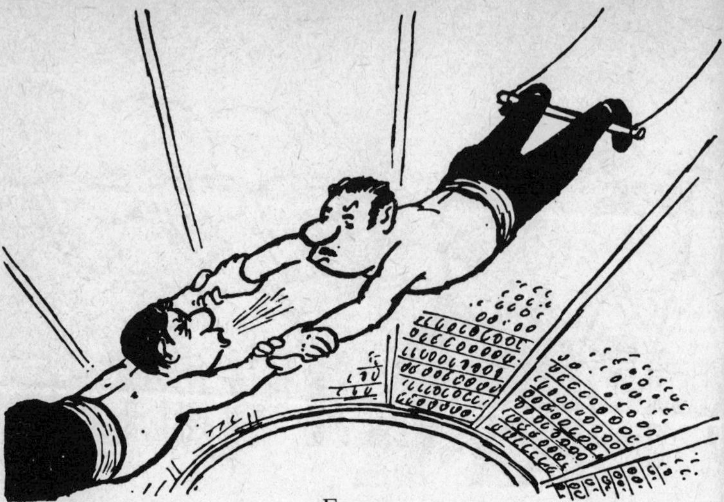

Falsch

Auch in Artistenkreisen ist das Anhusten des Partners ein Zeichen für mangelnde Kinderstube.

Richtig

Trapezkünstler von Format werden besonders in kritischen Situationen mit Anstand ins Leere husten.

Falsch

Liebhaber mit starkem Reizhusten verscherzen sich leicht die angestrebten erotischen Erfolge.

Richtig

Ein kleidsames Hustenmützchen aus atmungsfreudiger Fenchelwolle bannt die Gefahr der Infektion, ohne die Stunde des lockenden Liebesspieles zu entzaubern.